8
LK 533.

L'ORGANISATION DU TRAVAIL

EN ALGÉRIE

PAR

M. A. FITAU

ANCIEN CONSEILLER COLONIAL

PARIS

GUILLAUMIN, ÉDITEUR

14, RUE RICHELIEU, 14

1860

AVANT-PROPOS

Cet écrit, que nous recommandons aux amis sincères et éclairés de l'Algérie, et aux hommes compétents qui gémissent, comme nous, de la torpeur de notre grande possession africaine, est le produit de beaucoup d'observations faites sur les lieux, et de la comparaison des conditions économiques et naturelles de cette contrée avec celles de nos colonies les plus prospères. C'est après avoir bien vu et tout écouté, que nous nous sommes décidé à aborder, à notre tour, une grave question restée aussi ardue, jusqu'à ce jour, parce qu'elle a constamment été écartée de son terrain. C'est là qu'il faut la porter, sans se préoccuper davantage du passé : là, il sera facile d'en avoir enfin la solution.

Nous autorisant de notre longue expérience des choses coloniales, né dans une de nos possessions d'outre-mer, (1) et membre de la législature locale dont elle a joui de 1834 à 1848, nous n'hésitons point à dire que c'est pour avoir fait fausse route dès le principe, et s'être par trop intimidé de certaines clameurs hypocrites ou fanatiques, que l'on se trouve encore dans ce vague d'où l'on ne sortira point, si l'on ne se décide à changer d'allures. Pourquoi le problème à résoudre est-il toujours à l'étude depuis trente ans ?

(1) L'île de la Réunion.

Parce que l'on a procédé selon un ordre d'idées diamétralement opposées au but qu'il s'agit d'atteindre ; d'idées paralysantes, en Algérie, comme elles l'auraient été, après 1848, à la Réunion et aux Antilles, si le Gouvernement n'avait eu le bon sens de repousser cet esprit de vertige d'après lequel tout ici bas, de même nature ou de nature différente, devrait être soumis à une seule et même règle.

Un créole qui parle du travail, et c'est du travail dont nous avons principalement à nous occuper, n'est guère écouté, sinon avec une défiance inouïe : encore à cette époque, on le suppose imbu de ces préjugés évanouis, depuis tant de temps, avec leur cause ! Aussi, peut-être est-il bon, pour aller au devant de toute fausse interprétation de notre pensée, que nous nous disions de suite dévoué de cœur et d'âme, et autant par goût que par raison, au régime politique inauguré en 89. Ce régime, à la fois libéral et sage, est l'objet de notre prédilection, parce que, après avoir effacé les dernières traces féodales, il n'a point pactisé avec les excentricités qui ont amené les fureurs de 93. Nous n'avons jamais été, quoique créole, partisan de l'esclavage, et l'eussions-nous été, que nous nous garderions bien d'en souhaiter le retour ! car, en ne l'envisageant même que sous le rapport du profit, le travail libre et salarié, substitué au travail forcé des esclaves, est incontestablement très-supérieur à celui-ci.

Après cette profession de foi, inutile dans toute autre circonstance, nous devons espérer qu'on ne nous accusera pas de tendances en désaccord avec nos institutions actuelles, de faire des efforts ayant un autre but que le triomphe d'un système dont une longue pratique a démontré la supériorité ; système duquel dépend l'avenir brillant réservé à l'Algérie. Mais ajoutons encore que ce serait bien mal nous comprendre, que de voir dans nos paroles l'intention de critiquer pour le simple plaisir de le faire. Nous n'aimons point à déverser le blâme, alors même qu'il est sévèrement encouru ; et comme il ne s'agit ici que d'erreurs ou de préventions que l'on ne peut incriminer, nous n'en eussions rien dit, assurément, s'il ne nous avait pas été démontré qu'elles arrêtent l'essor de l'Algérie. Il est du devoir de tout bon citoyen de signaler ce qui peut nuire à son pays, et c'est uniquement à ce devoir que nous obéissons aujourd'hui.

L'Algérie, nous le reconnaissons hautement, s'est acquis des droits à la reconnaissance nationale : elle a formé ces valeureux soldats que l'Empereur, après l'immortelle campagne de Crimée, a conduits en Italie, et qui, sous son commandement direct, ont étonné le monde sur ces mêmes champs de bataille glorifiés par nos pères ; mais sous le rapport de la colonisation, nous le disons avec chagrin, elle a été et est encore d'un bien mince avantage pour la Métropole. La faute en est, nous revenons à l'idée exprimée plus haut, à ce travers de la confondre avec la France, quand il s'agit de lui donner le travail, sans tenir compte des différences résultant de la température, des populations, des mœurs africaines, de toutes choses, enfin, ne pouvant être assimilées à rien de ce qui existe en Europe.

On ne colonise pas du jour au lendemain, a-t-on dit : il faut bien des années pour accomplir une pareille œuvre. Ce langage pouvait être vrai dans les temps anciens, où la mère-patrie était elle-même arrêtée dans sa marche vers la civilisation, mais, aujourd'hui, il constitue un véritable anachronisme économique.

Tombe-t-il sous le sens, en effet, que, lorsque la France est parvenue à l'apogée de la puissance scientifique et économique, qu'elle dispose d'une baguette magique, pour ainsi dire, sous laquelle surgissent tant de créations étonnantes ; tombe-t-il sous le sens que pour coloniser l'Algérie, elle emprunte à l'antiquité ces moyens d'action dont les résultats ne s'obtenaient qu'après des siècles d'attente ?

L'Algérie est aux portes de la Métropole ; cette circonstance la mettant à même de profiter si promptement des avantages que celle-ci retire de la diffusion de ses lumières et de ses perfectionnements en tous genres, elle peut s'élever d'un bond au niveau des colonies les plus riches et les plus prospères, si toutefois on lui donne des bras en quantité suffisante, propres aux cultures des pays chauds, et soumis à une forte organisation.

Comment sera-t-il possible de lui donner des bras dans de semblables conditions ? C'est la question que traite et qu'essaie de résoudre cette brochure sur l'application, à l'Algérie, du travail libre et salarié pratiqué aux Colonies depuis l'abolition de l'esclavage.

A. F.

L'ORGANISATION DU TRAVAIL EN ALGÉRIE

I

Il nous semble que l'heure est venue de faire revivre cette mémorable époque où la France d'outre-mer était prépondérante partout où flottait notre pavillon. Ce qu'ont fait Louis XIV et Colbert, Napoléon et son gouvernement peuvent aisément le faire.

Nous avons perdu dans les années néfastes de l'autre siècle, la plupart des riches et florissantes colonies, engraissées des sueurs de nos pères et fécondées de leurs idées; il importe donc à notre honneur, comme au développement de la fortune publique, de les remplacer par des fondations nouvelles, en rapport avec les besoins pressants et les tendances fortes de notre temps.

Ainsi, entrons résolûment dans les voies coloniales ouvertes au génie créateur de la France, pour que l'Empire soit aussi puissant et fort sur les mers qu'en Europe ; et, pour prélude, faisons prospérer les colonies qui nous restent, et qui sont encore une source de richesses pour la Métropole. Madagascar réclame aussi sa part de sollicitude ; mais comme cet opuscule est particulièrement consacré à l'Algérie, nous nous bornons, quand à présent, à cette simple mention de nos colonies actuelles et de la grande île africaine.

La colonisation de l'Algérie prendra de suite une immense importance dès que le travail lui sera donné. L'Algérie peut être comparée à une mine inexploitée. Rien ne lui a été refusé : elle possède un vaste territoire, un climat favorable à toutes les cultures du globe, des terres d'une qualité rare, de bons pâturages dans les montagnes, des gisements de métaux précieux, et la plus luxuriante des végétations; mais tant d'avantages naturels ne lui sont d'aucun profit réel faute de bras : la population indigène a conservé sa fainéantise traditionnelle, et les émigrations européennes ne se sont pas élevées à cent mille âmes depuis ces trente dernières années, qui ont vu s'accomplir tant de progrès et pendant lesquelles l'agriculture, le commerce et l'industrie se sont si prodigieusement améliorés en Europe, et surtout en France.

Si les entreprises agricoles et industrielles, tentées précédemment en Algérie, n'ont pas réussi, il faut en voir la cause dans l'absence du travail. tout d'abord; car, en aurait-on confié la direction à des hommes habiles et expérimentés. qu'elles auraient également échoué : l'expérience et l'habileté ne font pas mouvoir les choses d'elles-mêmes.

Faut-il alors désespérer de l'Algérie? Pas le moins du monde; mais il est prudent de ne s'y lancer dans aucune opération sérieuse, avant d'être sûr d'une main-d'œuvre abondante et spéciale.

Nous avons entendu parler d'un réseau de chemins de fer pour l'Algérie (1), et nous aiderions volontiers à l'en doter, s'il nous était possible; mais ce projet a-t-il des chances d'exécution? Nous dirions non, sans hésiter. si nous croyions qu'on dût persister dans le système amortissant auquel il faut attribuer l'insuccès de la colonisation en général.

En effet, à quoi serviraient des chemins de fer à cette immobilité sans exemple de l'Algérie? On a dit que, dans les contrées déjà peuplées et exploitées, les chemins de fer avaient pour mission de desservir les intérêts existants, d'activer les échanges et la production; et que, dans les autres, il leur appartenait de créer à la fois les intérêts à naître, les échanges et la production. Nous ne comprenons

(1) Dans un de ses ouvrages, M. Clément Duvernois traite, en homme fort éclairé, la question relative aux chemins de fer algériens; mais il nous semble qu'il ne prend pas les choses par le commencement : c'est à constituer un travail énergique et *continu* qu'il faut s'appliquer d'abord. C'est là l'unique pierre angulaire, la condition *sine quâ non* de la colonisation.

pas ce raisonnement, surtout appliqué à l'Algérie : car si elle est ni peuplée, ni exploitée, ce sont alors les chemins de fer qui auront tout à fonder; mais pour cela, faut-il au moins qu'ils puissent être créés eux-mêmes, et ce n'est guère probable dans un pays absolument privé de bras, de capitaux et de crédit.

Il nous semble donc fort douteux que des compagnies soient disposées à construire un réseau de chemins de fer en Algérie, en vue des intérêts éventuels qu'il devra faire naître. Si l'État accordait de fortes subventions, et la garantie d'un minimum d'intérêt élevé aux entrepreneurs, nul doute qu'il s'en présenterait un grand nombre ; mais ce serait alors sur ces subventions et cette garantie qu'ils baseraient leur spéculation, et non sur des revenus sérieux. Que l'État le comprenne ainsi, et le réseau ne se ferait pas longtemps attendre ; mais nous avons bien peur qu'il ne se borne aux sacrifices à faire pour quelques tronçons de voies ferrées, tels que d'Alger à Blidah, d'Oran au Sig, et de Philippeville à Constantine.

Nous ne désespérons pas de voir le sol de l'Algérie sillonné de voies destinées à faire des peuples une seule et grande famille ; mais nous croyons fermement que ce ne pourra être que le résultat d'un bon système de travail favorable aux cultures qui lui conviennent. Voulez-vous des capitaux, du crédit, des chemins de fer en Algérie ? Produisez; et pour produire, ayez des bras et beaucoup de bras ; voilà tout le secret. Avec des bras, l'Algérie serait bientôt un des pays les plus productifs de la terre, et alors les capitaux, le crédit et les chemins de fer ne lui manqueraient point.

Mais où trouver des bras ? Ce n'est certes point en France: l'agriculture s'y plaint chaque année de l'abandon toujours croissant des campagnes par l'émigration des laboureurs, qui espèrent trouver dans les villes de meilleures conditions de bien-être et de salaire, et qui, en résumé, ne peuvent guère se soucier de s'expatrier dans la perspective de retourner à la charrue. Sera-ce chez les Arabes ? Quelle illusion ! Combien se passera-t-il de temps avant de les décider, si jamais on les y résout, à se plier à la nécessité de faire œuvre des mains autrement que pour subvenir à leur facile entretien ? Il est une vérité, cependant fort sérieuse, sur laquelle on réfléchit peu, en Algérie comme en France : c'est que l'indigène de ce pays ne souffre notre domination que comme une punition céleste ne devant pas toujours durer. Comment alors pourrait-on compter sur lui pour une colonisation dont la réussite détruirait ses plus chères espérances ?

On n'aura donc de bras, inutile de se leurrer à cet égard, ni en France, ni en Algérie ; et l'expérience a prouvé que ces quelques travailleurs recrutés un peu partout, sans choix, sans appréciation de leur aptitude, de leurs mœurs et de leur nationalité, doivent fatalement devenir un élément de dissolution du travail rural, plutôt que d'être propres à former, par leur exemple, l'élément précieux d'une population agricole. Le Maltais, l'Espagnol, l'Italien ou le Français, touche à peine le sol algérien, qu'il se dit, avec quelque raison peut-être, que, travaillant pour son propre compte, il gagnerait plus qu'en travaillant pour autrui. Ceux-là mêmes qui consentent à cultiver la terre, ne s'y consacrent que partiellement, isolément, et sans qu'il soit possible à la grande culture de rien fonder sur des bras aussi disséminés. Les rêves de ces malheureux ne tardent pas à s'évanouir, et ceux qui ne se rapatrient point désertent les champs pour se lancer dans tous ces commerces plus ou moins interlopes et plus ou moins démoralisateurs qui sont une des plaies hideuses de l'Algérie.

Nous ne sommes sous l'influence d'aucune prévention, d'aucune antipathie : au contraire, nous voudrions pouvoir donner des couleurs moins sombres au tableau attristant que présente la colonisation algérienne; mais nous serions coupables si, dans ces paroles livrées à la publicité, nous cherchions à atténuer ou à dissimuler les erreurs d'où résultent le mal auquel il faut vite remédier. Non, on doit avoir le courage de le dire dans l'intérêt de tous, le travail sérieux et productif n'existe même pas à l'état d'embryon en Algérie ; et, ce dont il faut bien se convaincre, c'est qu'il est absolument impossible de le constituer avec l'élément arabe, pas plus qu'avec ces individus qui, arrivant un à un de tous les points de la Méditerranée, s'en retournent bientôt en maudissant un pays où ils croyaient s'enrichir dans l'oisiveté.

Ceux qui ne savent pas' comment on parvient à asseoir sur des bases indestructibles et sans cesse plus solides la prospérité d'une colonie, ignorent — étrangers qu'ils sont aux tendances et aux aspirations coloniales — à quoi et à qui attribuer cette torpeur de l'Algérie : les uns accusent l'autorité militaire, et les autres l'administration civile. Mais elles n'ont ni l'une ni l'autre de reproches à s'adresser : avec rien on ne peut rien faire ; or, quand il s'agit de coloniser, c'est ne rien avoir que de manquer de bras.

Nous avons lu le rapport de S. Exc. le ministre de l'Algérie et des colonies à l'Empereur, et nous y avons remarqué une sollicitude encourageante : on ne peut douter d'un bon vouloir qui se manifeste par des demandes, pour un pays qui en est l'objet, de routes, de ports, de desséchements, etc.; mais il aurait fallu que Son Excellence fît apparaître en même temps, pour un avenir prochain, une abondante main-d'œuvre. Alors on aurait vu se calmer ces craintes multipliées qui tiennent tout en suspens : le crédit, les capitaux et les hommes d'action (1).

Maintenant, en Algérie, on attend beaucoup du cantonnement des Arabes, et c'est fâcheux. En effet, les choses restant les mêmes quant au travail, on se prépare de nouvelles et inévitables déceptions. La mesure peut certainement être profitable aux Arabes : ils ne possèdent rien en réalité, et ils deviendraient propriétaires; ils feraient un premier pas dans les voies de la civilisation, en cessant de vivre dans le communisme énervant de la tribu. Mais si le cantonnement diminuait le parcours vagabond des Arabes, pour laisser de plus grandes superficies à la colonisation, s'ensuivrait-il nécessairement que celle-ci eût un autre élan ? Le cantonnement ne produirait le bon effet qu'on en attend, que s'il coïncidait avec l'intro-

(1) Plusieurs de nos compatriotes d'une haute capacité et fort riches, notamment MM. de Malavois et de Kvéguen, auraient fait de grandes opérations agricoles et industrielles en Algérie, s'ils avaient pu y introduire des engagés asiatiques et africains.

duction d'un grand nombre de travailleurs ; autrement, ils n'aurait d'autre effet que de faire disparaître ceux déjà si rares fournis, par l'élément arabe, à nos piètres exploitations. Est-ce pour la France, ou pour l'Algérie, ramenée au temps d'Hussein-Pacha, que nous occupons cette contrée ? Que l'on opte. Si c'est pour la France, il faut être plus soucieux de nos intérêts que de ceux des Arabes ; si c'est pour ceux-ci, examinons donc bien s'il ne vaudrait pas mieux rentrer dans nos pénates, que de continuer à occuper un pays qui nous a coûté de si grands sacrifices d'hommes et d'argent sans nous offrir de légitimes compensations.

II

M. Cauqu'l, d'Oran, a dit, dans ses études économiques sur l'Algérie, que l'intérêt agricole est l'intérêt algérien ; que tout obstacle, *de quelque nature qu'il puisse être*, au développement de la production du sol et de tout ce qui s'y rattache, condamne la colonie à une enfance perpétuelle ; que toute loi, tout décret, toute mesure qui hâtera la mise en culture, qui grandira la production et protégera l'écoulement des produits, lui fera faire un pas de géant vers sa virilité.

Rien n'est plus vrai ; aussi regrettons-nous amèrement que M. Cauquil n'ait point ajouté que le principal obstacle à la mise en culture, à l'agrandissement de la production, à l'écoulement des produits, à l'essor de l'Algérie, en un mot, c'est le manque de bras ; que si ce pays est, comme les autres colonies, une société particulière demandant à être régie selon la nature de ses besoins, rien n'est plus simple et conforme à la raison que de l'assimiler complétement aux possessions coloniales, et que de la doter du travail pratiqué dans celles-ci au moyen d'engagés africains ou asiatiques volontairement enrôlés. Pourquoi l'économiste, dont nous parlons, n'a-t-il pas poursuivi en ces termes ? Mais il est à remarquer, et c'est très-affligeant, que les hommes distingués les plus influents, M. Ausone de Chancel excepté (1), relèguent toujours le travail au dernier plan ; c'est cependant le contraire qui devrait avoir lieu, principalement en Algérie.

Quoi qu'il en soit, entrons maintenant et tout-à-fait, dans la discussion soulevée par les antagonistes du travail colonial ; de ce travail libre, salarié et permanent, le seul qui puisse arracher l'Algérie à une stérilité qui ne peut durer plus longtemps sans compromettre le brillant avenir qu'on pourrait lui faire.

L'histoire de toutes les colonies modernes, fondées par les puissances maritimes de l'Europe, démontre d'une manière incontestable, que c'est aux cultures industrielles que ces colonies ont dû leur prospérité. Après la découverte du Nouveau-Monde, ce qui donna à l'émigration européenne un si grand développement, ce fut bien moins la nécessité d'échapper aux misères et aux calamités de la mère-patrie, que le désir d'acquérir promptement de grandes richesses. Or, les premiers planteurs des Antilles et des colonies portugaises et espagnoles ne tardèrent pas à reconnaître que la culture de la canne à sucre, du café, du tabac, de l'indigo, du coton, etc., était le moyen le plus efficace et le plus prompt d'atteindre leur but. Dès lors ils se livrèrent avec ardeur à cette culture, qui ne tarda point à prendre un accroissement immense à l'aide des esclaves noirs amenés à grands frais de la côte occidentale d'Afrique.

Tout le monde sait quels furent pour les nations européennes en général, et pour la France en particulier, les résultats merveilleux des entreprises coloniales. Vers la fin du siècle dernier, la partie française de Saint-Domingue, parvenue en cinquante ans au premier rang de tous les établissements européens dans les deux mondes, présentait, dans cette plus petite partie de l'île, les miracles du

(1) Il faut lire le bon livre de M. Ausone de Chancel, intitulé *Cham et Japhet*. C'est un ouvrage dont on peut tirer bien d'utiles enseignements, pour résoudre la grave question dont il s'agit.

travail et de l'industrie, et dans la plus grande, les hideux résultats de la paresse et de l'incurie. Qui n'eût pas admiré cette magnifique possession française couvrant alors l'Europe du luxe de ses moissons, en exportant de son étroite enceinte, pour la métropole, autant de richesses que les vastes empires des Indes en donnent à l'Angleterre, et que l'Espagne en a arrachées au continent de ses deux Amériques ?

Rien ne prouve mieux la faiblesse et l'impuissance des derniers gouvernements qui ont présidé aux destinées de la France, que l'état précaire dans lequel ils ont laissé les colonies échappées à nos désastres ! Cependant nos possessions lointaines ne sont pas tellement chétives, qu'avec un peu d'attention et de persévérance nous ne soyons capables d'en tirer bon parti. Ensuite, si nous avons été, dans cette période d'épreuves de toute nature que nous avons traversées, si amaigris sous le rapport des colonies, nous avons du moins la puissance de ne point rester dans cette situation relativement infime : la matière dont on fait les colonies ne nous manque point. N'avons-nous pas, sans aller plus loin pour le moment, ces régions de l'Atlas qui seules, entretenues et peuplées comme il convient, suffiraient pour faire de la France la plus riche et la plus noble puissance coloniale qu'il y ait au monde ?

Le gouvernement de l'Empereur ne se traînera jamais dans les ornières du passé ! Il n'oubliera point la fécondation de l'Algérie, si susceptible de devenir un des faits les plus glorieux de l'époque actuelle ! Dans ce siècle où se sont réalisés des prodiges que la génération précédente ne pouvait pas prévoir, on ne saurait reculer devant une œuvre que les siècles antérieurs ont accomplie dans des conditions moins favorables, et sans l'appui des moyens d'action que le génie de la civilisation moderne a mis en notre pouvoir.

La colonisation de l'Algérie est nécessaire à la grandeur et à la prospérité de la France. L'opinion publique s'est prononcée depuis longtemps à cet égard, et si elle manifeste encore quelques doutes sur la réalisation de cette entreprise, c'est qu'elle est indécise dans le choix des moyens d'exécution. C'est pour dissiper ces doutes que nous venons offrir le concours de nos faibles lumières et de notre expérience de colon.

Au point de vue des circonstances naturelles du climat et du sol, comme on l'a vu, l'Algérie est presque aussi favorablement dotée que nos colonies des Antilles et de la Réunion; mais elle l'emporte de beaucoup sur celles-ci sous le rapport des circonstances économiques. En effet, l'Algérie est située aux portes de la France, et il n'est pas douteux qu'elle ne puisse, à l'aide de tant de procédés agronomiques perfectionnés, se couvrir des mêmes plantations et cultures industrielles qui ont enrichi nos anciennes possessions d'outre-mer; alors surtout que des canaux d'irrigation et de desséchement y auront encore fertilisé le sol et rectifié le climat, comme les Hollandais l'ont rectifié à Java, placé dans des conditions d'insalubrité bien autrement nuisibles.

III

L'avenir de la colonisation algérienne est incontestablement lié au développement des cultures industrielles. On sait que l'industrie manufacturière a pris dans ces dernières années, en France, une extension considérable; or nos usines sont alimentées des matières premières qui leur sont nécessaires, par des contrées bien moins favorablement placées que l'Algérie sous tous les rapports. Eh bien! que lui manque-t-il pour fournir, à bon marché, à nos usines, les laines, les cotons, les soies gréges et les autres produits coloniaux qu'elles emploient? Rien que des bras et des capitaux.

Mais, dira-t-on peut-être, quelle nécessité y a-t-il, pour la France, de préférer aux produits étrangers ceux provenant de l'Algérie? Nous trouvons une réponse péremptoire à cette question dans un écrit publié en 1856, par un

homme compétent et très éclairé, M. le docteur Liautaud (1)
sous le titre de *Fermes algériennes,* et auquel nous em-
pruntons le passage suivant :

« L'industrie cotonnière a pris depuis longtemps en
» France un développement tel, qu'elle laisse bien loin der-
» rière elle celle des laines. En 1854-55, nous avons im-
» porté pour plus de 140 millions de francs de cotons des
» Etats-Unis. La Grande-Bretagne en a retiré la même
» année pour 810 millions. Dans ces deux contrées seules,
» l'importation du coton alimente des usines pour une po-
» pulation ouvrière de 2,500,000 individus. On peut juger
» par ces chiffres seuls de l'immense consommation qui
» se fait dans toute l'Europe.

» Le coton n'est point, comme la laine, un produit de
» notre sol : cette plante d'origine étrangère exige un cli-
» mat spécial, et, on peut dire, un mode de culture excep-
» tionnel, puisque la presque totalité de sa production est
» le fruit du travail esclave. Or, pour peu que les idées
» d'émancipation viennent à prévaloir dans l'Amérique du
» Nord, ou même que la production des Etats-Unis soit
» absorbée par le développement de leur industrie, qui
» fait déjà des progrès rapides, comment suppléer à un
» déficit de matières premières, qui expose des millions
» d'ouvriers à mourir de faim? Un pareil désastre pourrait
» même arriver brusquement par le fait d'une guerre entre
» la Grande-Bretagne et l'Union américaine, et alors les
» conséquences en seraient bien autrement terribles.

» C'est dans la prévision d'une pareille catastrophe que
» le gouvernement français a pris la sage résolution de
» développer en Algérie la production du coton. Il ne nous
» appartient pas de discuter l'opportunité des mesures qui
» ont été prises pour arriver au résultat désiré par tout le

____

(1) M. Liautaud, médecin principal de la marine, a fait partie de
plusieurs expéditions scientifiques dans les colonies, et il a constamment étudié, sous tous les points de vue, les cultures les plus pro-
ductives et par conséquent celles qui appellent l'attention des hommes spéciaux et pratiques. Comme on va le voir, il applique le résultat de ses laborieux travaux à la colonisation algérienne.

» monde; nous nous bornerons à faire observer que l'ad-
» ministration algérienne a poussé les colons dans une voie
» bien périlleuse, en les engageant à lutter contre la pro-
» duction américaine. Que peut, en effet, une culture
» inexpérimentée, sans bras, sans crédit, sans capitaux,
» contre les formidables planteurs américains de la Caro-
» line ou des Florides, forts d'une expérience de plusieurs
» années, disposant de ressources immenses, et ayant sous
» leurs ordres des ateliers de travailleurs bien dirigés et
» bien commandés ?

» Nous repoussons bien loin de nous l'intention qu'on
» pourrait nous supposer de vouloir jeter le décourage-
» ment parmi nos colons : nous effacerions à l'instant ces
» lignes qui expriment une opinion basée sur l'observation
» des faits, si nous n'avions entrevu la possibilité de faire
» triompher notre production de tous les obstacles, et cela
» par l'emploi des mêmes armes que nos adversaires.

» Le coton, avons-nous dit, a une tache originelle : il est
» le produit du travail esclave. Cette tache est un germe de
» mort pour la production américaine. Les planteurs le sa-
» vent si bien que déjà ils commencent à recruter leurs
» ateliers avec des travailleurs asiatiques. Le Brésil, l'île
» de Cuba, la Jamaïque, en font autant; nous-mêmes nous
» les imitons dans nos colonies des Antilles et de la Réu-
» nion. Pourquoi ne suivrait-on pas ces exemples en Al-
» gérie, au moins pour y commencer nos cultures de co-
» ton ? L'introduction des travailleurs asiatiques, loin de
» faire aucun tort aux colons, serait avantageuse pour
» tous, puisqu'elle permettrait de mettre à leur disposi-
» tion des *ateliers disciplinés,* sans lesquels il est impossible
» non-seulement de lutter contre les Américains, mais
» même de fonder sur la culture du coton une exploita-
» tion qui offre quelques garanties pour le placement de
» grands capitaux. Quel crédit le capital peut-il faire
» à nos cultivateurs dans les conditions actuelles ? »

Le docteur Liautaud paraît avoir compris, comme nous,
l'impossibilité d'entreprendre avec succès, en Algérie, les
cultures industrielles sans le travail *permanent* des engagés. Pour faire réussir ces cultures, nous le disons avec

2

lui, on doit veiller l'instant propice de l'exécution des travaux. Tout demande à être fait à la hâte et avec précipitation : il faut profiter des pluies pour mettre la charrue dans les champs et faire l'ensemencement; plus tard les récoltes sont si rapidement pressées par les chaleurs, que l'on doit toujours saisir le moment et procéder avec la plus grande célérité pour ne pas les perdre. Pour ce qui concerne la culture du coton, notamment, il y a encore plus de risques à courir; il suffit d'un changement brusque de saison et de la venue subite des pluies pour anéantir les espérances du planteur qui, faute de bras, aura été forcé de trop prolonger sa culture.

C'est à ce point de vue surtout qu'on peut apprécier les avantages du travail *permanent* des engagés. En Algérie, la main-d'œuvre est essentiellement mobile en même temps que fort rare; tandis qu'en France les cultivateurs louent ordinairement les valets de ferme, valets de charrue, etc., à l'année, ici c'est au mois, et encore les colons s'estiment fort heureux quand ils peuvent retenir ces ouvriers pendant toute la durée de l'engagement sans avoir à subir leurs exigences, lesquelles sont toujours plus exorbitantes et plus impérieuses au moment des récoltes. Ceci est tellement vrai que la moisson des céréales même serait impossible dans les grandes plaines sans le secours des montagnards kabyles qui viennent, tous les ans, se louer à des conditions si excessives cependant, que les colons perdent tout le bénéfice de leurs cultures lorsque le prix du blé vient à tomber au-dessous de *vingt-trois francs* le quintal métrique.

IV

La culture des plantes industrielles ne saurait donner des résultats en Algérie qu'à la grande exploitation, puisque cette exploitation est la seule qui offre des garanties suffisantes au capital. Or, dans l'état actuel des choses,

quel capitaliste oserait hasarder ses fonds dans des entreprises dont le succès peut être compromis, d'un moment à l'autre, par la mobilité et les exigences exagérées de la main-d'œuvre? Dans nos colonies transatlantiques et celle de la Réunion, on regarderait comme insensé tout planteur qui commencerait une exploitation sans s'être assuré d'avance du concours de ses ouvriers pour toute sa durée; il ne saurait en être autrement en Algérie.

Les adversaires du travail colonial ont émis contre lui des arguments qui prouvent combien ils ont peu compris la portée de cette institution et mal saisi la pensée des hommes pratiques qui la demandent pour l'Algérie. A les entendre, nous voudrions tout faire dans ce pays au moyen des engagés et substituer partout le travail colonial au travail européen. Nous n'avons jamais songé à pareille chose, parce que ce serait une absurdité que de faire venir des engagés, à grands frais, en Algérie, pour ces spéculations maraichères, par exemple, avantageuses seulement aux petits cultivateurs. Dans nos sucreries, nous ne tenons compte que du produit industriel, et s'il y a profit à y employer des engagés nous coûtant fort cher, en définitive, c'est que le sucre est un produit susceptible de payer largement les dépenses occasionnées par sa fabrication. Eh bien! ce sont ces exploitations si riches, sucrières, cotonnières et autres, que nous désirerions voir importer et prospérer en Algérie.

Cela ne dit donc point qu'il faille tout sacrifier aux grandes industries agricoles. — Non. — Il y a place pour toutes les cultures dans ce vaste pays; à côté des plus considérables, d'autres moins importantes peuvent grandir, et à celles-ci il ne faudrait pas absolument l'emploi des mêmes moyens d'exploitation. Mais si elles s'étendaient au-delà d'une certaine échelle, il leur faudrait, comme les premières, avoir recours aux engagés asiatiques ou africains, parce qu'en Algérie les autres bras seront constamment fort rares et toujours impropres à toute entreprise de longue haleine.

M. de Saint-Maur, dans sa propriété d'Arbal, ne se plaint pas de la main-d'œuvre; mais ce colon d'élite en ressentirait bientôt la pénurie excessive, si quelques hommes de sa vigoureuse trempe s'établissaient à Oran, dans les environs de sa ferme-modèle. Ensuite, l'entreprise d'Arbal n'a point de ressemblance avec les établissements que nous avons en vue, elle doit être considérée, non comme une spéculation, mais comme une lutte à outrance d'un citoyen généreux avec les difficultés créées par la barbarie arabe. C'est là une bien rude tâche, à laquelle s'est voué M. de Saint-Maur! Certes, il en sortira de précieux enseignements pour l'avenir; mais, quant au présent, tant d'efforts, de persévérance et de sacrifices n'auront d'autre compensation individuelle, immense sans doute pour un noble cœur, que d'avoir prouvé que, malgré le feu dont l'indigène s'est généralement servi comme moyen unique de défrichement et de reproduction de pacages, le sol inépuisable de l'Algérie renferme encore des richesses qu'il sera facile d'utiliser, à la gloire et au profit de la France, quand les bras seront nombreux et recrutés dans les contrées asiatiques ou africaines.

M. de Saint-Maur, à qui nous sommes heureux de décerner de si justes éloges, résoudra, entre autres questions graves, celle relative à l'élève des bestiaux de toutes provenances et de toutes espèces; et ne rendrait-il que ce service à la colonie, qu'il s'acquerrait de justes droits à la reconnaissance publique; la régénération des races animales et l'exploitation perfectionnée du bétail seront une autre source de prospérité pour l'Algérie, et en outre les cultures industrielles, comme les autres, en retireront cet auxiliaire puissant de fertilité : l'engrais.

Revenant à notre objet principal, nous ferons remarquer, une dernière fois, que la substitution du travail colonial au travail ordinaire, en Algérie, est purement conditionnelle, et qu'il ne faut pas l'entendre autrement. Mais, nous dira-t-on peut-être, s'il est vrai que l'exploitation des cultures industrielles est la plus lucrative, vous allez nuire au travail ordinaire, en la mettant toute entière entre les mains du travail colonial!

La réponse à cette objection est facile, et si nos adversaires connaissaient quelque peu l'organisation du personnel de nos plantations à sucre, nous pourrions nous dispenser de la faire. Il nous faut donc entrer ici dans quelques détails, connus de tout le monde dans nos colonies, mais généralement ignorés en France.

A l'île de la Réunion, la plus avancée de nos colonies en agriculture et en industrie, on a calculé qu'une sucrerie d'un produit moyen de 750,000 kilogrammes, emploie 300 travailleurs répartis comme suit : 50 pour les manœuvres du moulin, y compris les charretiers affectés au transport des cannes à l'usine ; 40 pour le fonctionnement des chaudières à défécation, à évaporation et à cuisson ; 20 pour les opérations de la purgerie ; autant pour celles de la distillerie ; et 170 pour la coupe des cannes, la fourniture du combustible, la dessication du sucre, la cuisine, l'hôpital, le gardiènage, les écuries et les champs qui, dans les *entrecoupes* (1), appellent à eux tous les bras valides dont la présence n'est plus nécessaire à l'usine, ou, autrement dit, à l'établissement.

Les ouvriers, employés à l'établissement, pourraient être recrutés, sinon pour la totalité, au moins en grande partie chez les Européens, d'autant plus que, après la fabrication, il y aurait toujours, en dehors du travail des champs, de l'occupation pour les bras de cette catégorie. Ce n'est pas tout : indépendamment des 300 travailleurs, d'autres individus sont nécessaires à une sucrerie ; ainsi, par exemple, le directeur de l'exploitation, l'écrivain, les surveillants des travaux et de la distillerie, les forgerons, les charpentiers et les charrons, dont les postes sont de confiance et rétribués en conséquence, seraient forcément, à peu d'exceptions près, recrutés encore chez les Européens.

Or, on voit clairement, si nous considérons que pour une sucrerie d'un produit moyen de 750,000 kilogrammes, il faut une superficie de 500 à 600 hectares de terres pour en avoir toujours de 120 à 130 plantées en cannes, tandis que le reste attendrait ou reposerait sous des cultures ne se

---

(1) On entend par entrecoupes, à la Réunion, le temps qui s'écoule entre deux fabrications, c'est-à-dire du 1er janvier à la fin de juin. La distillerie marche à peu près toute l'année.

nourrissant pas dès mêmes sels que ce roseau saccharifère (1);
on vóit, disons nous, que cette sucrerie explɔitée par le travail colonial, pourrait encore employer plus de bras européens qu'une autre exploitation de même étendue, tout en
leur donnant des salaires élevés.

V

Nous avons choisi, pour répondre à une objection non fon-
dée, l'exemple d'une sucrerie coloniale, précisément parce
que nous avons maintenant à combattre une autre objection plus sérieuse, mais qui tombe d'elle-même, en
raison du nouveau système de libre échange inauguré par
le traité avec l'Angleterre.

On a dit que l'introduction, en Algérie, des cultures industrielles, et particulièrement celle de la canne à sucre,
porterait un coup funeste à nos possessions d'outre-mer.
Cette objection n'est pas nouvelle, puisqu'on s'en est servi,
dès la fin du dernier siècle, pour repousser la culture de la
canne dans les départements du midi de la France. Il importe infiniment pour nos relations commerciales, disait à
cette épɔque un ministre, que nos colonies cultivent exclusivement les cannes à sucre ; et l'on devrait même re-
garder la réussite en France de cette plante économique
cɔmme un moyen de paralyser le commerce, et de dimi-
nuer nos exportations et nos importations. Le jour où nos
colonies se passeront de la métrɔpɔle, et *vice versâ*, notre
navigation se réduira à un simple cabotage.

(1) La culture du coton pourrait toujours être jointe à celle de la
canne sur la même superficie de 5 à 600 hectares, et n'exigerait pas
une forte augmentation de bras. Sur les terres en assolement, on
pourrait toujours avoir une centaine d hectares en coton, et en ob-
tenir une centaine de mille francs. Toutes les terres en assolement,
non employées en coton, pourraient l'être en plantes vivrières, autres que le blé, l'orge, l'avoine et le maïs, pourvu qu'elles fournis-
sent une assez bonne couverture.

Le même argument a été produit à une époque plus récente, dans les mémorables débats qui ont agité nos assemblées législatives sous le dernier règne, à propos de la concurrence du sucre indigène et du sucre colonial; mais cette fois avec moins de succès, puisque ces débats ont abouti à une sorte de conciliation entre deux intérêts rivaux, également puissants. Et pourtant, alors, on ne voulait pas voir que la production du sucre de betterave servait la production coloniale, en lui assurant la protection du Gouvernement contre les sucres étrangers, bien autrement redoutables pour elle, sans parler du bien que l'industrie indigène lui a fait, indirectement, en la forçant à perfectionner ses procédés de culture et de fabrication.

Nous sommes bien loin de l'époque où de pareilles idées avaient le privilége d'émouvoir l'opinion publique. En effet, dans tous ces débats sur ce que l'on appelait la question des sucres, il ne s'agissait que des intérêts des producteurs ; on oubliait complètement ceux des consommateurs, cependant si étroitement liés aux premiers; car producteurs et consommateurs, selon nous, forment un tout indivisible. Il faut reconnaître aujourd'hui que la question est retournée; mais nous avons l'espoir de ne pas voir se reproduire, en sens inverse, les exagérations compromettantes de ces derniers temps.

« Le premier intérêt à satisfaire, dit M. Michel Chevalier est celui du consommateur qui est tout le monde; et c'est une nécessité d'ordre public que la production soit sans cesse stimulée, par la concurrence du dedans et celle du dehors, à faire bien et à bon marché. Toute branche d'industrie qui ne peut, ne sait ou ne veut se conformer à ces conditions, est par cela même une charge pour la Société; et il faudrait, pour qu'on la maintînt par des sacrifices imposés à la communauté, au moyen d'un droit de douane ou autrement, qu'elle se recommandât par des conditions tout-à-fait exceptionnelles d'intérêt public. Les industries en faveur desquelles on ne peut invoquer que des considérations d'intérêt privé, et l'immense majorité est dans ce cas, ne sont fondées à rien demander au delà des ménagements temporaires que conseille une politique pru-. dente » (1). Envisagée à ce point de vue, la question qui nous occupe n'est plus qu'une question de chiffres, puisque sa solution dépend des quantités présumées de produits qui peuvent entrer dans la consommation générale.

En 1700, la consommation totale de la France, en sucre, ne dépassait pas un million de kilogrammes, ce qui donnait 60 grammes par individu. En 1831, elle s'éleva à quatre-vingts millions, c'est-à-dire que chaque individu consommait deux kilogrammes et demi de sucre. D'après les relevés les plus dignes de foi (nous regrettons de ne pouvoir produire ceux de l'époque actuelle), la consommation était en 1850, à Cuba, de 28 kilogrammes par tête, de 10 à 11 en Angleterre, de 7 à 8 en Hollande et aux États-Unis, de 3 à 4 en Belgique et en France, et de 2 à 1 dans les autres pays où le sucre était à peine connu des populations aisées.

De 1850 à 1860, pendant les dix dernières années qui viennent de s'écouler, tous ces chiffres se sont bien accrus; mais, pour ne parler que de notre marché actuel, nous pouvons apprécier par ceux qui, dans les relevés ci-dessus, nous concernent, quels progrès a fait la consommation du sucre en France, et ceux qu'elle est encore appelé à faire; car un Français ne peut continuer à user, en définitive, huit fois moins de sucre qu'un habitant de Cuba, trois fois moins qu'un Anglais, et deux fois moins qu'un Américain ou un Hollandais. Or, en présence de semblables éventualités, on comprend aisément que la production sucrière, en Algérie, pourrait toujours trouver une place avantageuse sur le marché européen, quand même la

(1) Nous ne devons pas douter du bon accueil réservé à la réclamation de M. Imhaus. Les ménagements temporaires qu'il sollicite en faveur de la colonie qu'il représente, reposent à la fois sur un intérêt respectable en péril, et sur des considérations de l'ordre le plus élevé. Il faut lire la note de l'honorable délégué de la Réunion, sur la taxe différentielle de provenance, établie par l'article 9 de la loi du 13 juin 1851, à l'égard des sucres importés des colonies françaises au delà du cap de Bonne-Espérance.

production des autres colonies viendrait à doubler; que serait-ce si cette contrée privilégiée parvenait à s'ouvrir un nouveau débouché dans l'intérieur du vaste continent africain ?

VI

On aperçoit, maintenant, l'importance que peut avoir, en Algérie, l'introduction du travail colonial; importance telle à nos yeux que nous regardons l'avenir de notre magnifique possession d'Afrique comme indissolublement lié à cette question. Une seule chose nous frappe, c'est l'indifférence de l'opinion publique, dont l'attention semble se concentrer exclusivement sur les événements qui se passent en Europe : l'Algérie, cependant, est également digne de ses sollicitudes. C'est cette indifférence qui fait la force de nos adversaires, et les a aidés à empêcher l'application, à notre grande conquête, du décret sur l'importation des engagés, en vigueur dans nos autres colonies! C'est cette indifférence qui donne des airs de triomphe à une sorte de question de principe sans valeur réelle, comme toutes les objections de nos adversaires de bonne ou de mauvaise foi !

Eh bien! en supposant, avec eux, le travail obligatoire des hommes librement engagés sans harmonie avec quelques points de notre législation française ; si des nécessités impérieuses l'admettent exceptionnellement dans nos colonies lointaines, pourquoi les mêmes nécessités ne l'admettraient-elles pas, aux mêmes conditions, en Algérie ? Les raisons de l'exception ne sont point autres pour les premières, qu'elles ne le seraient pour celle-ci : au-delà de l'Atlantique et du cap de Bonne-Espérance, l'intérêt commercial et maritime est absolument celui de l'autre côté de la Méditerranée. Comment, la France voterait largement tous les ans 60 et 70 millions pour entretenir une armée en Algérie, et elle reculerait devant une décision ministérielle qui lui donnerait les moyens de consolider bien plus sûrement encore cette possession d'Afrique !

L'immigration des engagés peut avoir lieu loin de la métropole, a-t-on dit ; mais trop près, ça ne conviendrait point. Étrange fin de non-recevoir en vérité ! Est-ce à dire que cette immigration renferme quelque chose d'odieux à cacher à la mère-patrie ; ou bien que celle-ci ne s'embarrasse guère du mal fait loin d'elle ? Mettez-la lui donc sous les yeux, cette immigration, et croyez bien qu'elle ne s'en scandalisera pas plus qu'elle ne s'indigne de voir s'embarquer, dans nos ports de la Manche, ces masses d'étrangers dont le Nouveau-Monde achète le productif labeur.

Mais, enfin, n'existe-t-il pas, en France même, des hommes placés dans des positions analogues à celle des travailleurs venus d'Asie ou d'Afrique ? Ne voyons-nous pas, tous les jours, nos compatriotes s'engager pour sept ans au service de l'Etat, ou pour des voyages, plus ou moins longs, au service de simples armateurs marchands ? Personne n'y trouve à redire ; et parce qu'il s'agit du travail de la terre, le même fait peut-il être envisagé d'un autre œil ? Le but de ces engagements, d'un côté comme de l'autre, n'est point différent : il s'agit toujours d'intérêts sociaux à satisfaire.

Mais c'est la traite déguisée, s'est-on écrié, que ce transport d'exotiques dans les colonies françaises ! Disons là-dessus toute la vérité : tant de bruit fait, non loin de chez nous, pour l'action détestable (1) commise par un na-

(1) D'après des renseignements puisés à bonne source, il n'y eut, en effet, qu'un seul navire qui aurait abusé de la bonne foi de malheureux Africains pour les importer, comme travailleurs, et sans leur assentiment, à l'île de la Réunion. Mais quand le nombre en eut été plus grand, et les contrebandiers assez adroits pour échapper à la vindicte publique, cela prouverait seulement que la piraterie n'a point encore cessé d'exister. Cependant, le fait odieux dont il s'agit, ou ces faits, si l'on veut, que la Réunion a déploré la première, ont motivé l'arrêté du 18 mars 1859, en vertu duquel cette colonie est privée des travailleurs d'Afrique, de Madagascar et des Comor-

vire français, par un seul, remarquez-le bien, n'a été qu'une triste comédie jouée à notre détriment, et rien de plus : il est par là certaine cupidité à laquelle le développement de notre industrie coloniale porte ombrage, et elle fera tout absolument et toujours pour en arrêter l'élan. Ne soyons donc plus dupes de ces hypocrites clameurs, dont il faut positivement prendre le contre-pied ! Certes, il est fort regrettable que l'acte coupable dont il s'agit ait échappé à la sévérité des lois ; mais est-ce une raison pour en étendre la responsabilité à notre commerce maritime et à nos colonies ? Ce serait odieux ! Et cependant, nous ne

res : et c'est elle, en définitive, qui est punie de la fraude criminelle commise à son insu. Est-ce bien juste ?

Que d'ignobles actes, que de meurtres et d'assassinats la soif de l'or et des richesses ne fait-elle pas commettre ici, là, voire même à Paris, où la civilisation a atteint son apogée ! Si donc l'on agissait partout comme on l'a fait à la Réunion, il faudrait ne rien conserver de ce qui excite la convoitise des méchants, et nous ne savons alors si le remède ne serait pas pire que le mal. Conviendrait-il bien, par exemple, d'abolir la propriété, parce que des misérables sont toujours prêts à la dépecer pour s'en partager les lambeaux ? Ce n'était pas assurément le recrutement africain qu'il eût fallu supprimer, c'était des mesures énergiques de protection susceptibles d'empêcher de nouvelles fraudes que l'on aurait dû prendre.

Cette suppression a été aussi basée sur ce motif : Les peuplades africaines, a-t-on dit, cesseraient de se faire la guerre si elles ne trouvaient à trafiquer de leurs prisonniers. Mais, demanderons-nous, en Europe, où l'on ne vend plus les prisonniers, et où, au contraire, ils sont fraternellement traités durant leur captivité, la guerre, lorsqu'elle n'exerce pas ses fureurs, n'est-elle point plus ou moins imminente ? Dans les pays non civilisés, on vend les prisonniers parce qu'ils sont considérés comme une capture légitime, et principalement parce qu'on ne peut les nourrir ; mais quand à l'impossibilité de les nourrir s'ajoute l'impossibilité de les vendre, on les égorge sans pitié ! Non, la vente des captifs n'est point le stimulant des instincts belliqueux en Afrique : là, comme en Europe, la guerre résulte relativement des mêmes causes, et l'on s'y bat aujourd'hui comme l'on s'y battait ci-devant, avec cette différence toutefois que, à l'heure qu'il est, les malheureux prisonniers, après la lutte, sont massacrés jusqu'au dernier !

pouvons plus, à la Réunion, où le délit a été déféré aux tribunaux compétents, recruter des bras dans les parages qui ont eu à en souffrir. Jamais nous ne suspecterons les intentions et la loyauté de notre gouvernement; aussi dirons-nous, sans craindre d'être mal compris, que sa religion a été surprise, dans cette malheureuse circonstance, par des menées étrangères d'une insigne perfidie.

La traite, paraîtrait-il, a été une nécessité d'une époque antérieure, puisqu'on l'a faite à l'envi l'un de l'autre, et que ceux qui en ont, les premiers, demandé l'abolition, la faisaient si largement que, à eux seuls, ils en retiraient plus de profit que la France, l'Espagne et le Portugal ensemble; alors qu'on n'en parle donc plus, si ce n'est pour trouver le moyen efficace d'en effacer la tache! Croit-on être absous parce que l'on a proclamé l'abolition de l'esclavage? L'humanité ne se contente pas de si peu : elle ne sera satisfaite que lorsque la servitude aura disparu de la surface du globe. Nous ne croirons qu'on a été sincère, qu'on a été mu par un véritable sentiment de charité en poussant à la réforme de l'ancien système colonial, que lorsque l'on procédera sans relâche à l'affranchissement des peuples asservis. Ceux d'Afrique le sont plus cruellement que partout ailleurs; qu'on leur ouvre donc tout d'abord la porte de l'émigration à deux battants! Ce serait noblement commencer à se réhabiliter aux yeux de la civilisation du dix-neuvième siècle. Après s'être inspiré de l'amour du travail et des sentiments de droiture des sociétés nouvelles dans nos ateliers coloniaux des Antilles, de la Réunion, de l'Algérie, et dans ceux des possessions étrangères d'outremer, ces peuples rapporteraient dans leurs foyers nos généreuses idées dont l'influence en expulserait l'esclavage.

Que l'on oppose donc un raisonnement convaincant et vrai au système philanthropique que nous défendons dans l'intérêt des races retardataires et des colonies en général; car l'argument basé sur ce que l'importation des engagés, en Algérie, y nécessitant la promulgation de la même législation spéciale en vigueur dans nos colonies, ne permet pas d'admettre une semblable législation sans violer le principe de la liberté individuelle; cet argument, disons-nous, ne vaut pas la peine qu'on s'y arrête ; toutefois, répondons-y, pour ne laisser subsister aucune de ces inconcevables allégations auquel le travail salarié des colonies est en butte.

Le droit de propriété est aussi sacré que la liberté individuelle ; c'est incontestable. Pourtant il fléchit devant les questions d'utilité publique, et il ne peut en être autrement de la liberté individuelle. Or, la production du coton, par exemple, qui fait vivre tant de familles ouvrières, plus menacées chaque jour dans leur existence, nous ne dirons pas par une guerre avec l'Amérique, mais simplement par la filature et le tissage en si grande voie de progrès dans le Nouveau-Monde, est certainement une question d'utilité publique de premier ordre (1). Si donc la production du coton, en Algérie, dépendait absolument de l'introduction du travail colonial, est-il évident que l'on ne saurait le repousser, alors même qu'il porterait atteinte à la liberté individuelle, sans fouler aux pieds une des questions d'utilité publique les plus vitales ? On n'a point encore dit : périssent les populations plutôt qu'un principe ! et nous ne supposons point que pareille déclaration puisse jamais être tolérée en France.

Lorsque le gouvernement a créé la législation du travail colonial, en vigueur à la Réunion et aux Antilles, il a évidemment basé sa détermination sur une question d'utilité publique. Mais, en conscience, ce régime viole-t-il le moins du monde la liberté individuelle ? S'il en était ainsi, il faudrait accuser du même crime tous les engagements volontaires à obligation forcée, et jusqu'au travail lui-même en France et par toute la terre, quoiqu'il ait été dit à l'homme qu'il gagnerait son pain à la sueur de son front. Comment, en Angleterre, dans ce pays si vanté pour l'excel-

(1) La suppression de l'esclavage, aux États-Unis, serait elle-même redoutable pour notre industrie cotonnière. C'est du travail forcé que proviennent ces 400,000 balles de coton qui emploient annuellement plus d'un million d'ouvriers chez nous. Une brusque suppression de l'esclavage, dans le Nouveau-Monde, les affamerait, et produirait en France une dangereuse perturbation.

lence de la liberté individuelle, la loi contraint tout ouvrier à remplir ses engagements, et l'on ne voudrait pas qu'il en fût de même en Algérie!

L'immigration de l'Indien, du Cafre et du Malgache, aurait encore cela de précieux, qu'elle contribuerait au peuplement de notre grande possession africaine (1). Cette immigration ne viendrait point grossir le nombre de ceux dont la fidélité nous est garantie par la présence de nos soldats : l'Indien, le Cafre et le Malgache adoptent immédiatement nos mœurs, se convertissent sans difficulté au christianisme, et promettent alors, par le mariage, une fusion qui n'est pas possible avec les races fanatisées par l'islamisme. Ils aideraient donc, tout en fertilisant le sol, à rapprocher l'époque où la société pourra se passer de la puissance des baïonnettes.

En résumé, le travail libre et salarié, substitué au travail forcé des esclaves, ne diffère du travail ordinaire qu'en ce qu'il est assuré pour trois, cinq ou sept ans, selon la volonté de l'ouvrier. S'il est obligatoire pendant toute sa durée, comme le service du soldat et du matelot, il repose du moins sur une législation forte, ne laissant nul jour à l'abus. Cette législation est plus protectrice pour les droits de l'engagé que pour ceux de l'engagiste; elle résout toutes les questions des contrats de travail à terme, et, appliquée à l'Algérie, elle serait, pour ce pays, la garantie de sa virilité et des richesses que promet son sol privilégié.

Le cœur saigne lorsque l'on compare ce que nous sommes dans les Indes orientales, à ce que nous y étions du temps des Dupleix, des Suffren et des Labourdonnais; lorsque l'on songe que l'on nous a pris, à l'est du cap de Bonne-Espérance, Rodrigues, les Amirantes, les Seychelles et l'Ile-de-France; qu'on nous a également enlevé, en Amérique, l'Acadie, le Canada, l'île du cap Breton, les rives du

(1) Après leur engagement, les Asiatiques resteraient dans la colonie si on leur accordait d'être naturalisés Français. Quant aux Cafres et aux Malgaches, ils ne demandent jamais à être rapatriés. Il pourrait être stipulé que l'ouvrier étranger serait Français de droit, après l'expiration de son engagement.

Saint-Laurent, la Dominique, Saint-Vincent, la Grenade, Sainte-Lucie, Saint-Eustache et Saint-Domingue! Oh ! le cœur saigne quand la pensée se reporte à cet affreux pillage de 1763 et de 1815! La France n'exige pas la rétrocession de ce qu'il lui a fallu céder à ces époques lugubres : dans l'intérêt du repos européen, elle s'en impose volontairement le cruel sacrifice; mais qui osera l'empêcher, quand l'heure sera venue, de se donner l'équivalent des pertes qu'elle a subies? Si, sous ce glorieux règne, elle est redevenue formidable sur le continent, déjà sa flotte ne le cède à nulle autre sur les mers; et, n'en doutons pas, l'Algérie, les colonies et bientôt aussi Madagascar, fécondées par le travail propre à leur tempérament, élèveraient notre prospérité maritime, avec le concours de nos vaisseaux de guerre et marchands, plus haut qu'elle ne le fut jamais.

PARIS. — Imp. SERRIERE et Cᵉ, 123, rue Montmartre.
FONDERIE.—CLICHERIE.—GALVANOPLASTIE.